彩图注音

中国少年儿童百科全书

艺术博览 网络世界

黑龙江美术出版社

图书在版编目(CIP)数据

艺术博览　网络世界 / 崔钟雷编. -- 哈尔滨：黑龙江美术出版社，2015.7
(中国少年儿童百科全书)
ISBN 978-7-5318-6673-2

Ⅰ. ①艺…　Ⅱ. ①崔…　Ⅲ. ①文化艺术 - 少儿读物②计算机网络 - 少儿读物　Ⅳ. ①G0-49②TP393-49

中国版本图书馆 CIP 数据核字（2015）第 158525 号

书　　名 / 艺术博览　网络世界

主　　编 / 崔钟雷
策　　划 / 钟　雷
副 主 编 / 王丽萍　姜丽婷　毛慧敏
责任编辑 / 周　烨
装帧设计 / 稻草人工作室
出版发行 / 黑龙江美术出版社
地　　址 / 哈尔滨市道里区安定街 225 号
邮政编码 / 150016
编辑版权热线 /（0451）55174988
销售热线 / 4000456703　（0451）55183001
网　　址 / www.hljmscbs.com
经　　销 / 全国新华书店

印　　刷 / 山东昊宣印刷传媒有限公司
开　　本 / 889mm × 1194mm　1/32
印　　张 / 3
字　　数 / 100 千字
版　　次 / 2015 年 7 月第 1 版
印　　次 / 2018 年 4 月第 2 次印刷
书　　号 / ISBN 978-7-5318-6673-2
定　　价 / 10.00 元

前言

孩子们从出生的那一刻起，就开始对各种事物充满好奇。奇妙的大陆变迁，悠久的历史文明，神秘莫测的外太空，恐龙的灭绝之谜……这些对孩子都充满着难以抗拒的吸引力。如果说世界是一个拥有无限知识的宝库，那么孩子们则是开启宝库大门的最佳人选。

本套《中国少年儿童百科全书》适合6~12岁的孩子阅读。图书共八册（附赠礼兜），知识含量大，涉及范围广泛。丛书语言轻松幽默，通俗易懂，图文并茂，能够让孩子在轻松愉快的氛围下学习知识。书中设有百科知识的链接和图片解析，可对正文知识点作进一步的补充，以方便孩子的阅读和思维拓展。本套图书标注拼音，能够提高孩子们的自主学习能力，即使没有家长的陪同孩子们也可以进行自主阅读。

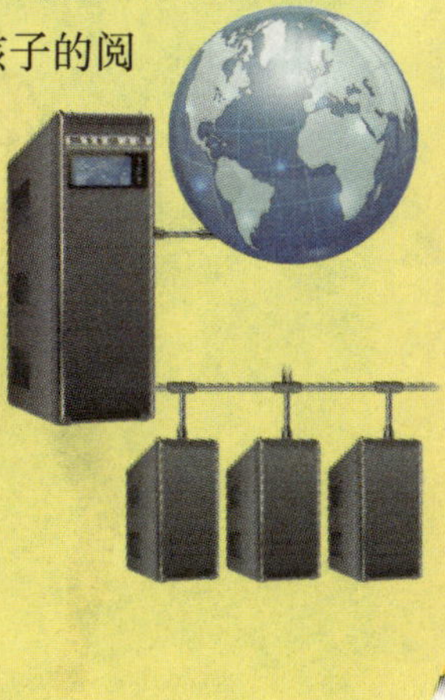

亲爱的小读者，还在等什么呢，快快翻开这本百科全书来探索未知的世界吧！希望你们能够在书中发现探索秘密的乐趣，收获更多的快乐。

编者

CONTENTS……

目录

文学经典

《诗经》……8
《西游记》……10
《三国演义》……12
《水浒传》……14
《红楼梦》……16
《神曲》……18
《哈姆雷特》……20
《简·爱》……22

绘画书法

《清明上河图》……26
《多虾图》……28
《平复帖》……30
《兰亭序》……32
《蒙娜丽莎》……34
《向日葵》……36
《马拉之死》……38
《格尔尼卡》……40

CONTENTS……

目录

音乐舞蹈

古典音乐……44
现代音乐……46
民间音乐……48
流行音乐……50
芭蕾舞……52
华尔兹……54
探戈……56
街舞……58

雕刻建筑

维纳斯像……62
复活节岛雕像……64
吴哥窟……66
兵马俑……68
莫高窟……70
万里长城……72

CONTENTS……

目录

计算机网络

计算机……76

互联网……78

软件……80

硬件……82

计算机病毒……84

远程教育……86

网上购物……88

防火墙……90

黑客……92

网络游戏……94

文学经典

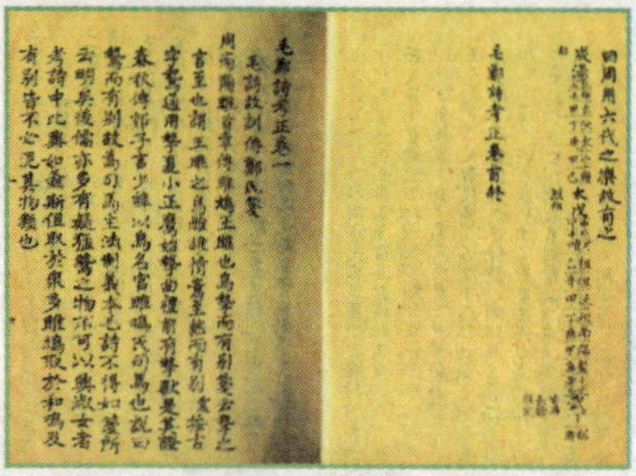

▲《诗经》手抄本书影。

shī jīng
《诗经》

▼《诗经》中具有浓厚的中国元素。

shī jīng shì wǒ guó zuì zǎo
《诗经》是我国最早
de shī gē zǒng jí tā fǎn yìng le
的诗歌总集，它反映了
xī zhōu chū nián dào chūn qiū zhōng yè
西周初年到春秋中叶
wǔ bǎi duō nián jiān de gǔ dài shè huì
五百多年间的古代社会
shēng huó gòng piān ruò àn zuò
生活，共305篇。若按作
pǐn de yuè diào shī jīng kě fēn
品的乐调，《诗经》可分
wéi fēng yǎ sòng sān bù
为“风”、“雅”、“颂”三部
fen fēng zhǐ guó fēng jiù shì
分：“风”指《国风》，就是
gè zhū hóu guó de mín jiān yuè qǔ
各诸侯国的民间乐曲，
bāo kuò gè zhū hóu guó de mín
包括15个诸侯国的民

妙问趣答

《诗经》共有多少篇?

A 200 篇

B 305 篇

C 150 篇

答案:B

诗经竹简。

gē yǎ shì gōng tíng yàn huì huò cháo
歌;“雅”是宫廷宴会或朝
huì shang yǎn zòu de yuè qǔ fēn dà
会上演奏的乐曲,分《大
yǎ hé xiǎo yǎ sòng shì cháo
雅》和《小雅》;“颂”是朝
tíng jì sì guǐ shén hé zàn měi gōng dé de yuè gē huò wǔ qū xiān qín shí
廷祭祀鬼神和赞美功德的乐歌或舞曲。先秦时
dài shī jīng bèi tǒng chēng wéi shī huò shī sān bǎi dào le hàn
代,《诗经》被统称为《诗》或《诗三百》,到了汉
dài rú jiā jiāng qí fèng wéi jīng diǎn hòu cái chēng wéi shī jīng
代,儒家将其奉为经典后,才称为《诗经》。

知识卡片

《诗经》经过了长期的累积,在春秋末年,由孔子重新编订,并作为其学生的教科书。孔子对诗经极其重视,他的这种重视在一定程度上也加深了文人对诗经的重视和学习。

xī yóu jì
《西游记》

《西游记》中唐僧的原型是唐代高僧玄奘。

xī yóu jì yòu bèi chēng wéi xī
《西游记》又被称为《西
yóu shì è zhuàn yóu wú chéng ēn suǒ
游释厄传》，由吴承恩所
zhù shì zhōng guó sì dà gǔ diǎn míng zhù
著，是中国四大古典名著
zhī yī tā de hóng wěi jié gòu shì wú
之一。它的宏伟结构是吴
chéng ēn zài duì chuán tǒng tí cái gǎi zào
承恩在对传统题材改造
de jī chǔ shang chuàng zuò ér chéng de
的基础上创作而成的。

妙问趣答

《西游记》的作者是？

A 吴承恩

B 罗贯中

C 施耐庵

答案：A

▲《西游记》书影。

cǐ shū zhǔ yào miáo xiě le sūn wù kōng zhū
此书主要描写了孙悟空、猪
bā jiè shā sēng sān rén bǎo hù táng sēng qián
八戒、沙僧三人保护唐僧前
wǎng xī tiān qǔ jīng yí lù kè fú le bā
往西天取经，一路克服了八
shí yī nàn zhǎn yāo chú guài lì jìn jiān
十一难，斩妖除怪，历尽艰
xiǎn zhōng yú qǔ huí zhēn jīng xiū chéng zhèng
险，终于取回真经，修成正
guǒ de chuán qí gù shi xī yóu jì shì
果的传奇故事。《西游记》是
yí bù zài zhōng guó wén xué shǐ shang yǒu jù dà yǐng xiǎng de cháng piān shén
一部在中国文学史上有巨大影响的长篇神
huà xiǎo shuō shì zhōng guó gǔ
话小说，是中国古
dài shén mó xiǎo shuō de
代神魔小说的
dài biǎo zuò
代表作。

知识卡片

吴承恩的代表作品《西游记》是中国古代长篇小说浪漫主义的高峰，同时也是世界浪漫主义文学中的杰作。《美国大百科全书》认为它是“一部具有丰富内容和光辉思想的神话小说”。

刘备是三国时期蜀汉的开国皇帝。

sān guó yǎn yì
《三国演义》

sān guó yǎn yì shì zhōng guó cháng piān zhāng huí xiǎo shuō de kāi shān zuò pǐn tā shì yóu wǒ guó sòng dài hé yuán dài de jiǎng shǐ huà běn fā zhǎn ér lái de shuō shū rén zài měi cì kāi jiǎng zhī qián dōu huì yòng tí mù xiàng tīng zhòng jiē shì gù shi de zhǔ yào nèi róng zhè jiù shì míng dài yǐ hòu zhāng

《三国演义》是中国长篇章回小说的开山作品。它是由我国宋代和元代的讲史话本发展而来的。说书人在每次开讲之前，都会用题目向听众揭示故事的主要内容，这就是明代以后章

在《三国演义》中，刘备、关羽和张飞三人桃园结义，成为异姓兄弟。

huí xiǎo shuō huí mù de qǐ yuán
回小说“回目”的起源。

sān guó yǎn yì yáng yáng
《三国演义》洋洋
qī shí yí wàn yú zì jié gòu hóng
七十一万余字，结构宏
wěi rén wù zhòng duō qíng jié cuò
伟，人物众多，情节错
zōng fù zá shēng dòng de fǎn yìng le cóng huáng jīn qǐ yì dào xī jìn tǒng
综复杂，生动地反映了从黄巾起义到西晋统
yī de jiǔ shí duō nián zhōng gè fēng jiàn tǒng zhì
一的九十多年中，各封建统治
jí tuán de zhèng zhì jūn shì dòu zhēng zài
集团的政治、军事斗争，再
xiàn le sān guó shí qī de lì shǐ miàn mào
现了三国时期的历史面貌。
dàn sān guó yǎn yì bú shì lì shǐ shū
但《三国演义》不是历史书，
ér shì yí bù wén xué jù zhù
而是一部文学巨著。

妙问趣答

中国长篇章回体小说的开山之作是？

A《西游记》

B《三国演义》

C《红楼梦》

答案：B

关羽被民间尊为“关公”。

科普课堂

《三国演义》是罗贯中的代表作品。罗贯中是元末明初的小说家、戏曲家，他最善于写战争场面，《三国演义》中的上百场战争，写的都各具特色。

shuǐ hǔ zhuàn
《水浒传》

▲宋江是梁山起义军的领袖。

shuǐ hǔ zhuàn suǒ miáo shù de shì
《水浒传》所描述的是
běi sòng mò nián sòng jiāng qǐ yì shǐ mò de
北宋末年宋江起义始末的
gù shi yuán dài zá jù shèng xíng shí zài
故事。元代杂剧盛行时，在
bù tóng dì qū dōu yǒu dà liàng de shuǐ hǔ
不同地区都有大量的水浒
jù běn chū xiàn shī nài ān zhèng shì bǎ zhè xiē zài bù tóng dì qū liú
剧本出现。施耐庵正是把这些在不同地区流
chuán de gù shi huì jí qi lai jīng guò shāi xuǎn jiā gōng zài chuàng
传的故事汇集起来，经过筛选、加工、再创

▼聚义岛是《水浒传》中水浒七雄聚义的地方。

妙问趣答

施耐庵是哪个朝代的作家？

A 宋代

B 唐代

C 元末明初

答案：C

作，才写成这部优秀的古典名著《水浒传》。《水浒传》继承并发展了中国古代小说与讲史话本的传统特色，作者以其高度的艺术表现力，生动丰富的文学语言，叙述了许多引人入胜的故事，塑造了众多个性鲜明的英雄形象。

吴用满腹经纶，足智多谋。

知识卡片

施耐庵（约1296～1371年），中国元末明初作家，号子安，字耐庵，罗贯中曾经是他的弟子。施耐庵曾参与到元末的军事战争中，晚年隐居，专心于文学创作。

hóng lóu mèng
《红楼梦》

hóng lóu mèng shì cáo xuě qín wǎn
《红楼梦》是曹雪芹晚
nián de yí bù zuò pǐn zhè běn shū zhǔ yào
年的一部作品。这本书主要
xiě de shì yí gè bēi shāng de ài qíng gù
写的是一个悲伤的爱情故
shi bìng yǐ ài qíng gù shi wéi zhōng xīn tōng
事，并以爱情故事为中心，通
guò yí gè guì zú dà jiā tíng jiǎ jiā
过一个贵族大家庭——贾家
de xīng shuāi biàn huà jiē lù le fēng jiàn tǒng
的兴衰变化，揭露了封建统
zhì jiē jí de shē mí chǒu è zhǎn shì
治阶级的奢靡、丑恶，展示
chū fēng jiàn shè huì bì rán zǒu xiàng
出封建社会必然走向

林黛玉是《红楼梦》中的重要人物，是金陵十二钗之首。

bēng kuì de lì shǐ mìng yùn hóng
崩溃的历史命运。《红
lóu mèng zài yì shù shang qǔ dé
楼梦》在艺术上取得
le huī huáng de chéng jiù háo bù
了辉煌的成就，毫不
kuā zhāng de shuō zhè bù xiǎo shuō
夸张地说，这部小说
shì zhōng guó gǔ diǎn xiǎo shuō de zuì gāo fēng huì jí le
是中国古典小说的最高峰，汇集了
zhōng guó gǔ dài xiǎo shuō chuàng zuò de suǒ yǒu yōu
中国古代小说创作的所有优
diǎn shì dāng zhī wú kuì de sì dà míng zhù zhī
点，是当之无愧的四大名著之
shǒu hóng lóu mèng zài rén wù miáo xiě fāng
首。《红楼梦》在人物描写方
miàn jǐn jǐn wéi rào rén wù xìng gé tè diǎn zhǎn
面紧紧围绕人物性格特点展
kāi jù yǒu hěn qiáng de biǎo xiàn lì
开，具有很强的表现力。

▲曹雪芹早年生活富贵风流，后家境败落，这为他的文学创作提供了极大的灵感。

妙问趣答

可以称得上是四大名著之首的是？

A《红楼梦》

B《三国演义》

C《西游记》

答案：A

大开眼界

《红楼梦》深刻地批判了中国封建社会的制度，提出了带有初步民主主义性质的理想和主张，同时也反映了当时资本主义萌芽的社会状况。

shén qǔ
《神曲》

恩格斯评论但丁“是中世纪的最后一位诗人，同时又是新时代的最初一位诗人”。

dàn dīng de shén qǔ
但丁的《神曲》
shì ōu zhōu gǔ diǎn sì dà míng zhù
是欧洲古典四大名著
zhī yī shén qǔ de zhǔ tí shì tàn
之一。《神曲》的主题是探
tǎo rén lèi de zuì yǔ shú zuì yǔ shú shì rén lèi
讨人类的罪与赎。罪与赎是人类
miàn lín de zuì pǔ biàn de wèn tí zuò pǐn
面临的最普遍的问题，作品
bìng bú shì duì zhè yí wèn tí de chōu xiàng
并不是对这一问题的抽象
tàn tǎo ér shì róng rù le dàn dīng de
探讨，而是融入了但丁的
gè rén jīng lì hé dāng shí yì dà lì
个人经历和当时意大利
de shè huì xiàn shí fǎn yìng le rén zhǐ
的社会现实，反映了人只
yǒu jīng guò mó lì hé kǔ nàn cái néng
有经过磨砺和苦难，才能

dá dào zhì zhēn zhì shàn de jìng jiè
达到至真至善的境界。

dàn dīng shì ōu zhōu yóu zhōng shì jì
但丁是欧洲由中世纪
guò dù dào jìn dài zī běn zhǔ yì shí qī de
过渡到近代资本主义时期的
wén xué jù jiàng shì yì dà lì wén yì fù
文学巨匠，是意大利文艺复
xīng de xiān qū tā de yì shēng gěi hòu rén
兴的先驱，他的一生给后人
liú xià le xǔ duō bǎo guì de wén huà cái fù
留下了许多宝贵的文化财富。

神曲描述的纯结的灵魂进入天堂的场景。

《神曲》堪称一座多姿多彩、形象鲜活的人物画廊。

妙问趣答

以下关于《神曲》的描述不正确的是？

A 欧洲古典四大名著之一

B 主题探讨的是人类的罪与赎

C 作者是米开朗琪罗

答案:C

科普课堂

《神曲》是但丁在流亡时创作的，这是他长期酝酿、构思出来的一部巨著，也是他最重要的一部代表作。

▲莎士比亚。

hā mǔ léi tè
《哈姆雷特》

hā mǔ léi tè shì shā shì bǐ yà bēi jù zhōng zhàn jù zhe zuì gāo wèi zhì de yí bù zuò pǐn zuò pǐn jiǎng shù le dān mài wáng zǐ hā mǔ léi tè tū rán zhī jiān zāo yù le yí xì liè bú xìng fù qīn bào zú shū fù kè láo dí sī cuàn wèi mǔ qīn jià gěi le shū fù zhè shǐ tā xiàn rù le jù dà de bēi tòng zhī zhōng yú shì hā mǔ léi tè jué xīn

《哈姆雷特》是莎士比亚悲剧中占据着最高位置的一部作品。作品讲述了丹麦王子哈姆雷特突然之间遭遇了一系列不幸：父亲暴卒、叔父克劳狄斯篡位、母亲嫁给了叔父。这使他陷入了巨大的悲痛之中，于是哈姆雷特决心

▼《哈姆雷特》中的城堡。

妙问趣答

以下哪项不是莎士比亚的四大悲剧？

A《麦克白》

B《奥赛罗》

C《罗密欧与朱丽叶》

答案：C

wèi fù bào chóu zuì hòu hā mǔ
为父报仇。最后，哈姆
léi tè zài jué dòu zhōng cì sǐ le
雷特在决斗中刺死了
shū fù ér zì jǐ yě hé mǔ qīn
叔父，而自己也和母亲
yì qǐ zhòng dú shēn wáng hā mǔ
一起中毒身亡。《哈姆
léi tè zhǔ yào biǎo xiàn le duì hùn luàn de shè
雷特》主要表现了对混乱的社
huì xiàn shí de yōu lǜ hū huàn lǐ xìng
会现实的忧虑，呼唤理性，
yǐ jí rén men duì měi hǎo shēng huó de
以及人们对美好生活的
xiàng wǎng
向往。

▲哈姆雷特的恋人奥菲莉娅。

知识卡片

《哈姆雷特》、《麦克白》、《李尔王》、《奥赛罗》是莎士比亚的四大悲剧。四大悲剧对文艺复兴时期社会文化的发展起到了不可忽视的推动作用。

简·爱的身上表现出了新时代女性自尊、自重、自立、自强的精神。

jiǎn ài
《简·爱》

jiǎn ài shì yīng
《简·爱》是英
guó nǚ zuò jiā xià luò dì
国女作家夏洛蒂·
bó lǎng tè de yí bù ài qíng
勃朗特的一部爱情
xiǎo shuō zhǔ rén gōng jiǎn
小说。主人公简·
ài shì yí gè xīn dì shàn
爱是一个心地善

妙问趣答

《简·爱》这本书的一大特色是：

A 大量的心理描写

B 丰富的语言描写

C 细腻的动作描写

答案：A

liáng qín yú sī kǎo de nǚ xìng
良、勤于思考的女性，

tā shēng huó zài shè huì dǐ céng
她生活在社会底层，

shòu jìn mó nàn tā de shēng
受尽磨难。她的生

huó zāo yù lìng rén tóng
活遭遇令人同

▲夏洛蒂·勃朗特画像。

qíng dàn tā nà jué jiàng de xìng gé hé yǒng
情，但她那倔强的性格和勇
yú zhuī qiú píng děng xìng fú de jīng shén què yíng
于追求平等幸福的精神却赢
dé le rén men de zàn shǎng jiǎn ài shì
得了人们的赞赏。《简·爱》是
yí bù jù yǒu nóng hòu làng màn zhǔ yì sè cǎi
一部具有浓厚浪漫主义色彩
de xiàn shí zhǔ yì xiǎo shuō tóng shí zhè běn shū
的现实主义小说。同时这本书
de yí gè bǐ jiào dà de tè sè shì yùn yòng le dà liàng de xīn lǐ miáo
的一个比较大的特色是运用了大量的心理描
xiě tū chū rén wù de xīn lǐ huó dòng gěi dú zhě yǐ huà miàn gǎn
写，突出人物的心理活动，给读者以画面感。

▲《简·爱》曾多次被改编为电视剧和电影。

大开眼界

《简·爱》是一部具有很大影响力的书。一直以来，这本书都受到了世界各国人民的喜爱，得到了专家学者的一致好评，而简·爱的形象也一直留存在人们的心中。

绘画书法

▲为了纪念张择端和他的名作，人们在开封建立了清明文化园。

qīng míng shàng hé tú

《清明上河图》

qīng míng shàng hé tú shì běi sòng huà jiā zhāng zé duān wéi yī de cún shì jīng pǐn, jù yǒu hěn gāo de lì shǐ jià zhí hé yì shù jià zhí. qīng míng shàng hé tú de zhēn guì jià zhí bù jǐn biǎo xiàn zài huà miàn de hóng wěi、rén wù de zhòng duō、jǐng xiàng de fēng fù

《清明上河图》是北宋画家张择端唯一的存世精品，具有很高的历史价值和艺术价值。《清明上河图》的珍贵价值不仅表现在画面的宏伟、人物的众多、景象的丰富

▼《清明上河图》宽 25.2 厘米，长 528.7 厘米。

妙问趣答

下列关于《清明上河图》的表述不正确的是：

A 具有很高的历史价值和艺术价值

B 描述了南宋晚期的都市生活

C 作者张择端

答案：B

jí jì qiǎo de wán měi shang gèng
及技巧的完美上，更
zài yú tā xiáng jìn miáo shù le běi
在于它详尽描述了北
sòng wǎn qī de dū shì shēng huó
宋晚期的都市生活，
zhǎn xiàn le gè jiè rén wù de dòng
展现了各界人物的动
tài hé shēng huó chǎng jǐng cǐ huà guī mó hóng dà xì jié shēng dòng shì
态和生活场景。此画规模宏大，细节生动，是
zhōng guó gǔ dài xiàn shí zhǔ yì huì huà zuì tū
中国古代现实主义绘画最突
chū de dài biǎo qīng míng shàng hé tú de
出的代表。《清明上河图》的
shì jiǎo dú tè nèi hán fēng fù shì wǒ guó
视角独特，内涵丰富，是我国
nǎi zhì shì jiè huì huà shǐ de yí bù jīng diǎn
乃至世界绘画史的一部经典
zhī zuò
之作。

(北宋)张择端《清明上河图》图中描绘了北宋汴京(今河南开封)的都市生活万象(部分)。

科普课堂

张择端是北宋末年的著名画家，他的画作继承了北宋前期历史风俗画的优良传统，尤其是在《清明上河图》中，张择端的绘画技艺得到了完美展现。

duō xiā tú
《多虾图》

齐白石画像。

qí bái shí de duō xiā tú miáo huì le yì qún huó pō de hé xiā xī xì de qíng jǐng
齐白石的《多虾图》描绘了一群活泼的河虾嬉戏的情景。

hé xiā yǒu jù yǒu sàn zī tài gè yì xíng xiàng bī zhēn huà zhōng xiā tǐ tòu míng xiā xū róu ruǎn ér fù yǒu tán xìng hǎo xiàng zài bù tíng de yáo dòng shēn qū yě fǎng fú zài suí zhe shuǐ liú jìn xíng shēn suō huà zhōng méi yǒu shuǐ què néng lìng rén xiǎng xiàng dào xiā shì zài shuǐ zhōng zì yóu de yóu dòng nà bái zhǐ yě fǎng
河虾有聚有散，姿态各异，形象逼真。画中虾体透明，虾须柔软而富有弹性，好像在不停地摇动，身躯也仿佛在随着水流进行伸缩。画中没有水，却能令人想象到虾是在水中自由地游动，那白纸也仿

妙问趣答

以下关于《多虾图》的描述不正确的一项是：

A 虾的形象逼真

B 虾眼为重墨且突出

C 与真虾完全一致

答案：C

fú huàn huà chéng yì hóng qīng shuǐ shǐ rén chǎn
佛幻化成一泓清水，使人产
shēng xiā jí jiāng tiào chū huà zhǐ qián yóu bié
生虾即将跳出画纸，潜游别
chù de gǎn jué qí bái shí shì zhōng guó
处的感觉。齐白石是中国20
shì jì zuì yǒu míng qì de huà jiā zhī yī
世纪最有名气的画家之一。
tā bǐ xià de xiā xíng shén jiān bèi shēng dòng
他笔下的虾形神兼备，生动
yǒu qù bèi rén men chēng wéi jué yì
有趣，被人们称为“绝艺”。

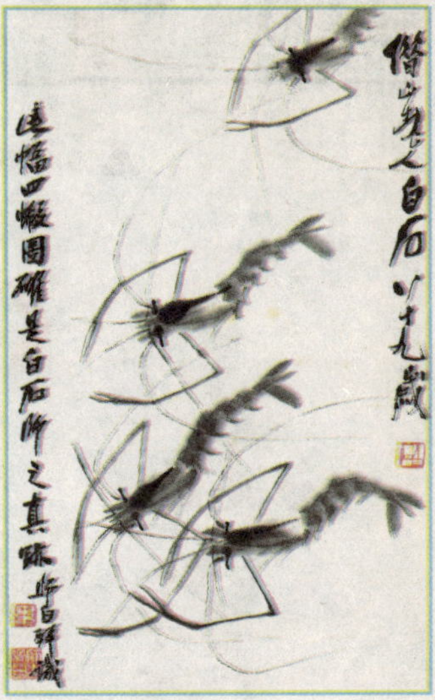

▲齐白石故居。

▲多虾图。

知识卡片

齐白石所画的虾与真虾并不完全一致。真虾的眼睛小，齐白石所画的虾眼为重墨且突出。齐白石画的虾显示了他高妙的绘画功力，他所画之虾来自于生活，但却超越生活。

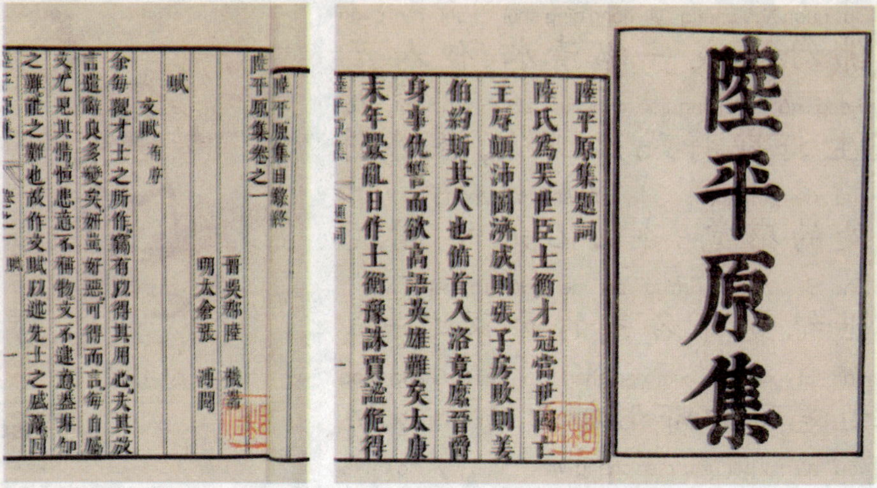

▲后人整理的陆机作品集——《陆平原集》。

píng fù tiè
《平复帖》

▼陆机画像。

píng fù tiè wéi xī jìn zhù míng wén
《平复帖》为西晋著名文
xué jiā shū fǎ jiā lù jī de zuò pǐn shì
学家、书法家陆机的作品，是
wǒ guó bǎo cún zhì jīn zuì zǎo de shū fǎ zhēn
我国保存至今最早的书法真
jì píng fù tiè shì lù jī wèn hòu bìng
迹。《平复帖》是陆机问候病
yǒu de yì piān wén zhāng qí zhǐ miàn sǔn shāng
友的一篇文章，其纸面损伤

虽然较大，甚至一些字迹已无法辨认，但仍然能够清晰地看出他的字体介于章草和今草之间，点画苍劲有力，笔法朴实厚重，是难得的佳作，在中国书法史上对研究文字和书法变迁有着重要的参考价值。

妙问趣答

下列关于《平复帖》的表述不正确的一项是：

A 作者是张择端

B 有“法帖之祖”的美誉

C 是问候病友的一篇文章

答案：A

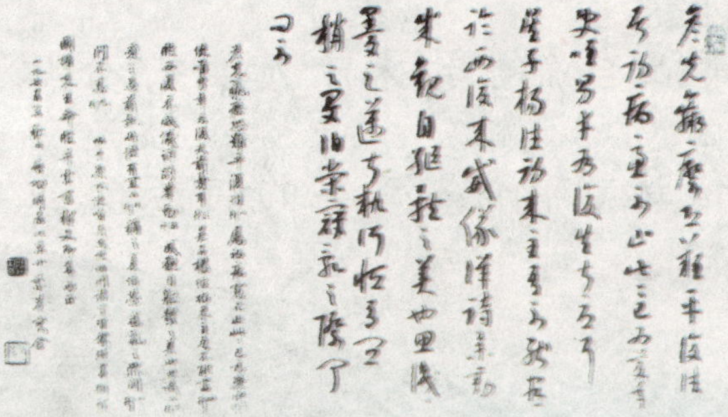

《平复帖》影印（部分）。

大开眼界

2012年，《国家人文历史》杂志评选出了中国文物中的九大“镇国之宝”，《平复帖》为镇国之书，足见其艺术地位之重。除此之外，《平复贴》还有“法帖之祖”的美誉。

王羲之雕像。

lán tíng xù
《兰亭序》

lán tíng xù shì wáng xī zhī de xíng shū dài biǎo zuò tā shì
《兰亭序》是王羲之的行书代表作。它是
wáng xī zhī zài shào xīng lán tíng hé péng you men yǐn jiǔ zuò shī shí chéng
王羲之在绍兴兰亭和朋友们饮酒作诗时乘
xìng xiě zuò de yì piān wén gǎo yīn cǐ yǒu tú mǒ hé zēng shān de hén
兴写作的一篇文稿，因此有涂抹和增删的痕
jì zhěng fú zuò pǐn xiāo sǎ zì rán yùn wèi shí zú chōng fèn tǐ xiàn
迹。整幅作品潇洒自然，韵味十足，充分体现
chū wáng xī zhī xíng shū jùn yì xióng jiàn liú měi de tè diǎn lán tíng
出王羲之行书俊逸、雄健、流美的特点。《兰亭

相传王羲之洗笔砚的地方——墨池。

妙问趣答

被称为“天下第一行书”的是：

A《寒食帖》

B《蔡侄文稿》

C《兰亭序》

答案：C

▲王羲之被世人称为“书圣”。

xù bèi chēng wéi tiān xià dì yī
序》被称为“天下第一
xíng shū dàn yuán zuò xiàn yǐ shī
行书”，但原作现已失
chuán jǐn cún yǒu táng dài féng chéng sù de
传，仅存有唐代冯承素的
jīng cǎi mó běn wáng xī zhī jiāng lán tíng
精彩摹本。王羲之将《兰亭
xù shì wéi chuán jiā zhī bǎo bìng qiě dài
序》视为传家之宝，并且代
dài xiāng chuán yì zhí chuán dào wáng jiā dì qī shì sūn zhì yǒng shǒu zhōng
代相传，一直传到王家第七世孙智永手中。

科普课堂

《兰亭序》将书法的风格导向融合精炼与秀美于一体的独特风韵。此后，很多书法家纷纷汲取经验并将对书法的审美高于客观物质之上，寻求技巧的丰富与风格的独特。

▼《蒙娜丽莎》画布长77厘米，宽53厘米。

▲《蒙娜丽莎》真品现存放在法国卢浮宫。

méng nà lì shā
《蒙娜丽莎》

méng nà lì shā shì dá fēn qí zuì zhù míng de xiào xiàng huà zuò pǐn
《蒙娜丽莎》是达·芬奇最著名的肖像画作品。

zhè fú huà miáo huì le yí wèi duān zhuāng tián jìng de měi lì shào fù
这幅画描绘了一位端庄恬静的美丽少妇。

huà jiā mǐn ruì de bǔ zhuō dào nǚ zǐ zài yí shùn jiān wēi xiào de biǎo qíng jiāng qí wēi miào de xīn lǐ huó dòng chuán shén de biǎo xiàn chu lai ràng guān shǎng zhě chǎn shēng fēng fù de lián xiǎng
画家敏锐地捕捉到女子在一瞬间微笑的表情，将其微妙的心理活动传神地表现出来，让观赏者产生丰富的联想。

zhěng
整

▲达·芬奇是欧洲文艺复兴时期著名的科学家、发明家、画家。

fú xiào xiàng yòng xì nì de shǒu fǎ róu hé de
幅肖像用细腻的手法、柔和的
sè diào chéng gōng kè huà le nǚ zǐ de liǎn bù
色调成功刻画了女子的脸部、
jǐng bù hé shǒu bù zhè zhǒng tián měi de yì shù
颈部和手部。这种甜美的艺术
fēng gé yǐ jí wén yì fù xīng shí qī duì rén xìng
风格，以及文艺复兴时期对人性
de gē sòng yǐ jí duì nǚ xìng měi de xīn shǎng
的歌颂以及对女性美的欣赏
guān niàn jī běn shang yí zhì tā shèn zhì hái kě
观念基本上一致，它甚至还可
yǐ dài biǎo dá fēn qí de yì shù sī xiǎng
以代表达·芬奇的艺术思想。

妙问趣答

《蒙娜丽莎》的作者是?

A 达·芬奇

B 拉斐尔

C 米开朗琪罗

答案:A

知识卡片

蒙娜丽莎的微笑使无数人为之倾倒。但是关于微笑的含义一直是一个未解的谜团，她的微笑有时让人心情舒畅，但有时却给人一种哀伤的感觉，大家对于微笑的解释也是莫衷一是。

xiàng rì kuí

《向日葵》

jié chū de yì shù jù jiàng fán gāo chuàng zuò de xiàng rì kuí
杰出的艺术巨匠凡·高创作的《向日葵》
bèi shòu rén men de guān zhù huà zhōng de měi duǒ huā fǎng fú jiù shì yì
备受人们的关注。画中的每朵花仿佛就是一
tuán huǒ xì suì de kuí yè hé huā bàn zé
团火，细碎的葵叶和花瓣则
xiàng shì tuán tuán huǒ miáo jiāng zhěng fú huà biàn
像是团团火苗，将整幅画变
chéng shāo biàn huà bù de xióng xióng huǒ
成烧遍画布的熊熊火
yàn fán gāo yōng yǒu qiáng liè de
焰。凡·高拥有强烈的
yì shù qì zhì hé huǒ yì bān zhì rè
艺术气质和火一般炙热
de gǎn qíng suǒ yǐ hěn duō rén rèn
的感情，所以，很多人认
wéi fán gāo de xiàng rì kuí
为，凡·高的《向日葵》
tōng guò nà xiē chōng mǎn dòng gǎn de
通过那些充满动感的

▼凡·高的全名为：文森特·威廉·梵·高，中文又称“凡·高”。

▲凡·高是荷兰后印象派的著名画家。

妙问趣答

凡·高最具代表性的作品是?

A《夕阳下的柳树》

B《向日葵》

C《收割》

答案:B

yòng bǐ shǒu fǎ jiāng zì jǐ de xīn líng gǎn qíng hé chì liè yì niàn zhēn shí de liú lù chu lai shǐ jì qiǎo yǔ biǎo xiàn shí fēn hé xié de tǒng yī qi lai lìng rén huí wèi wú qióng

用笔手法,将自己的心灵感情和炽烈意念真实地流露出来,使技巧与表现十分和谐地统一起来,令人回味无穷。

◀凡·高一生共创作了十一幅向日葵,现存两幅。

大开眼界

凡·高曾多次对以向日葵为主体的静物进行描绘。在绘画艺术的历史中,《向日葵》已经成为凡·高最具代表性的作品,堪称世界艺术史上的一座丰碑。

▲《马拉之死》的作者雅克·路易·大卫。

mǎ lā zhī sǐ

《马拉之死》

dà wèi de mǎ lā zhī sǐ shì fǎn yìng fǎ guó zī chǎn jiē jí gé mìng de huì huà zuò pǐn zhōng pō jù yǐng xiǎng lì de yì fú mǎ lā běn shì yì míng fǎ

大卫的《马拉之死》是反映法国资产阶级革命的绘画作品中颇具影响力的一幅。马拉本是一名法

▼作品《马拉之死》。

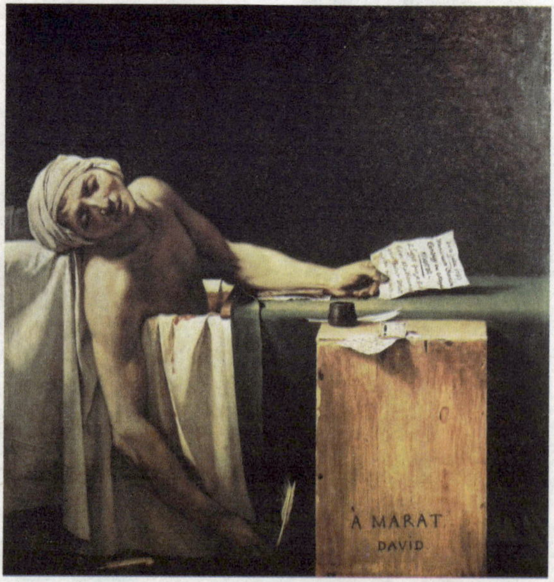

guó yī shēng tā jī jí tóu shēn zī chǎn jiē jí gé mìng wèi duǒ bì dí rén sōu bǔ mǎ lā cháng cháng zài cháo shī de huán jìng zhōng gōng zuò jié guǒ huàn shàng le pí fū bìng

国医生，他积极投身资产阶级革命。为躲避敌人搜捕，马拉常常在潮湿的环境中工作，结果患上了皮肤病，

yīn cǐ bù dé bù měi tiān jìn
因此不得不每天浸
pào zài rè shuǐ zhōng hòu lái
泡在热水中，后来
zài yù shì bèi àn shā mǎ
在浴室被暗杀。马
lā de yù hài jī qǐ le fǎ
拉的遇害激起了法
guó rén mín de fèn nù dà
国人民的愤怒，大
wèi jué xīn yòng huà bǐ duì
卫决心用画笔对
fēng jiàn fǎn dòng shì lì de
封建反动势力的
zuì è jìn xíng jiē lù yú shì
罪恶进行揭露，于是
chuàng zuò le mǎ lā zhī sǐ zhè
创作了《马拉之死》这
fú zuò pǐn
幅作品。

▲马拉的肖像画。

妙问趣答

雅克·路易·大卫属于哪个画派？

A 古典主义

B 印象主义

C 现实主义

答案：A

科普课堂

雅克·路易·大卫是法国古典主义画派的奠基人，他的画风严谨，技巧十分精湛。早在 1785 年，大卫创作的《荷拉斯兄弟之誓》就曾轰动整个法国。

gé ěr ní kǎ
《格尔尼卡》

gé ěr ní kǎ shì bì jiā suǒ de yì fú jù yǒu zhòng dà yǐng
《格尔尼卡》是毕加索的一幅具有重大影
xiǎng jí yì yì de huà zuò zhè fú yóu huà jié hé le lì tǐ zhǔ yì hé
响及意义的画作。这幅油画结合了立体主义和
chāo xiàn shí zhǔ yì de fēng gé zhuó zhòng biǎo xiàn tòng kǔ shòu nàn hé shòu
超现实主义的风格，着重表现痛苦、受难和兽

妙问趣答

《格尔尼卡》着重表现的画面不包括：

A 喜悦

B 痛苦

C 受难

答案：A

毕加索出生于 1881 年 10 月，是西班牙著名画家、雕塑家。

xìng de huà miàn yóu huà yǐ zhàn zhe yǎng tóu de niú hé sī hǒu de mǎ

性的画面。油画以站着仰头的牛和嘶吼的马

wéi gòu tú zhōng xīn tóng shí zuò zhě jiāng jù tǐ shǒu fǎ hé lì tǐ zhǔ

为构图中心。同时，作者将具体手法和立体主

《格尔尼卡》是受西班牙共和国政府的委托，为 1937 年在巴黎举行的国际博览会西班牙馆而创作的。

▲毕加索是一位高产的画家，他的作品总计近 37 000 件。

yì de shǒu fǎ jié hé qi lai
义的手法结合起来，
bìng cǎi yòng jǐ hé xiàn de zǔ
并采用几何线的组
hé yòng jī dòng rén xīn de xíng
合，用激动人心的形
xiàng yì shù yǔ yán lín lí jìn
象艺术语言，淋漓尽
zhì de biǎo xiàn le fǎ xī sī
致地表现了法西斯
zhàn zhēng cǎn wú rén dào de bào
战争惨无人道的暴
lì xíng wéi gěi rén yì zhǒng zhēn
力行为，给人一种真
shí de huà miàn gǎn
实的画面感。

知识卡片

毕加索崇尚立体主义，是西方现代派绘画的主要代表，也是现代艺术的创始人。毕加索的艺术影响了各种流派的产生和发展，他敢于创新，不拘于一种流派，不断探索不同的艺术形式。

音乐舞蹈

古典音乐

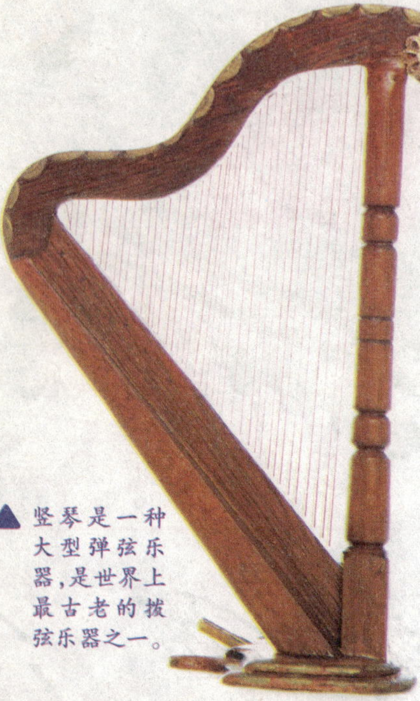

竖琴是一种大型弹弦乐器，是世界上最古老的拨弦乐器之一。

古典音乐是个广泛的概念，有广义和狭义之分。广义的古典音乐就是指西洋古典音乐，即从西方中世纪开始，在欧洲主流文化背景下创作的音乐。狭义的古典音乐是指古典主义音乐，即1750～1820年创作的欧洲主流音乐，也被称为维也纳古典乐派。古典

妙问趣答

有“乐圣”美誉之称的是？

A 贝多芬

B 海顿

C 莫扎特

答案：A

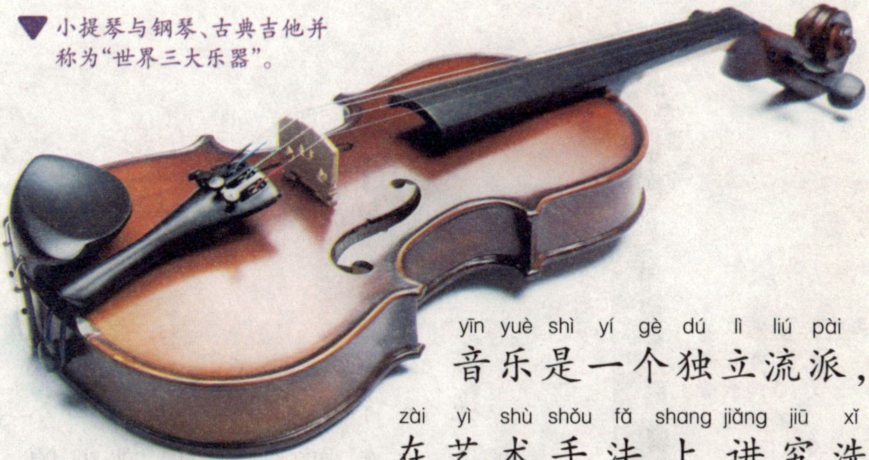

小提琴与钢琴、古典吉他并称为“世界三大乐器”。

yīn yuè shì yí gè dú lì liú pài
音乐是一个独立流派，
zài yì shù shǒu fǎ shang jiǎng jiū xǐ
在艺术手法上讲究洗
liàn lǐ xìng de biǎo dá gǎn qíng
练，理性地表达感情。
hěn duō gǔ diǎn yīn yuè zuì zǎo
很多古典音乐最早
dōu shì wèi zōng jiào yí shì qìng
都是为宗教仪式庆
diǎn ér chuàng zuò de yīn yuè
典而创作的音乐。

大开眼界

维也纳古典乐派最著名、也是最有代表性的三位作曲家分别是海顿、莫扎特和贝多芬。其中，海顿有“交响曲之父”的美誉；莫扎特幼年时被誉为“音乐神童”；贝多芬有“乐圣”的美誉。

▼电吉他具有很强的表现力，在现代音乐中占有重要地位。

xiàn dài yīn yuè
现代音乐

xiàn dài yīn yuè zhǐ cóng shì jì mò
现代音乐指从19世纪末、
shì jì chū yìn xiàng zhǔ yì yuè pài zhī hòu
20世纪初印象主义乐派之后，
zhí zhì jīn tiān de quán bù xī fāng yīn yuè xiàn
直至今天的全部西方音乐。现
dài yīn yuè de tè diǎn shì zhuī qiú tàn suǒ xìng
代音乐的特点是追求探索性、
kāi tuò xìng yǐ jí jié gòu shang de
开拓性，以及结构上的
zì yóu jié zòu shang de biāo xīn lì
自由，节奏上的标新立

▲架子鼓起源于美国。

妙问趣答

现代音乐的一个极重要的特点是：

A 追求探索性

B 有传统及前卫之分

C 开拓性

答案：B

yì hé fán fù de duō diào xìng huò wú diào xìng xiàn dài yuè pài fēn zhī hěn
异和繁复的多调性或无调性。现代乐派分支很
duō rú biǎo xiàn zhǔ yì yīn yuè shí èr yīn yīn yuè xīn gǔ diǎn zhǔ yì
多，如表现主义音乐、十二音音乐、新古典主义
yīn yuè děng xiàn dài yīn yuè jiān róng bìng bāo
音乐等。现代音乐兼容并包，
fā zhǎn xùn sù xiàn dài zuò qǔ jiā dǎ pò le
发展迅速。现代作曲家打破了
chuán tǒng de hé shēng guī zé jī jí tàn suǒ
传统的和声规则，积极探索
xīn de hé shēng yǔ yán hé chuàng zuò shǒu fǎ
新的和声语言和创作手法。

▲打碟机可以调整音乐的播放速度。

科普课堂

现代音乐的一个极重要的特点是有传统及前卫之分。它们的音乐一般一方占有重要地位，而另一方却受到排挤，但随着时间的推移，两个领域的界限也变得不那么明显。

mín jiān yīn yuè
民间音乐

唢呐按筒音的音高可分为低音、中音和高音三种。

mín jiān yīn yuè zhǐ zài mín
民间音乐指在民
jiān xíng chéng bìng liú chuán de gè
间形成并流传的各
zhǒng yīn yuè tǐ cái mín jiān yīn
种音乐体裁。民间音
yuè de tè shū zhī chù zhǔ yào zài
乐的特殊之处主要在
yú qí chuàng zuò fāng shì jí mín jiān yīn yuè de kǒu tóu chuàng zuò fāng
于其创作方式，即民间音乐的口头创作方
shì yǐ jí bù tóng yú zhuān yè yīn yuè de chuàng zuò shǒu fǎ chuàng
式，以及不同于专业音乐的创作手法、创
zuò fēng gé yǔ chuàng zuò tè zhēng
作风格与创作特征
děng mín jiān yīn yuè běn shēn cún
等。民间音乐本身存
zài chéng fèn bù tóng fā zhǎn jiē
在成分不同、发展阶
duàn bù tóng de qíng kuàng mín jiān
段不同的情况。民间

妙问趣答

以下关于民间音乐的表述不正确的是：
- A 民间音乐具有很强的地域性
- B 其特殊之处在于创作方式
- C 民间音乐与当地的民俗习惯无关

答案：C

▲琵琶从出现到现在已经有两千多年的历史。

yīn yuè de yuè qì zhǔ yào yǒu xián yuè qì mù
音乐的乐器主要有弦乐器、木
guǎn yuè qì tóng guǎn yuè qì jiàn pán yuè qì
管乐器、铜管乐器、键盘乐器
hé dǎ jī yuè qì děng mín jiān yīn yuè de
和打击乐器等。民间音乐的
fàn wéi bāo hán le gē qǔ jiǎn dān de yuè
范围包含了歌曲、简单的乐
qì yǎn zòu yǐ jí wǔ qǔ
器演奏，以及舞曲
qǔ diào yǔ bù fá
曲调与步伐。

知识卡片

民间音乐有很强的地域性，多与当地的民俗习惯相结合。那些处在穷乡僻壤、交通闭塞的山村里的民间音乐，其地域性特点尤其突出，这也是在封闭环境下产生的民间音乐不易向外传播的原因。

流行乐团是由多人组成的流行音乐的表演单位。

liú xíng yīn yuè
流行音乐

liú xíng yīn yuè yě jiù shì tōng sú yīn yuè shì yì zhǒng yǐ xiāo
流行音乐也就是通俗音乐，是一种以消
qiǎn yú lè wéi mù dì de zài dà zhòng zhōng suǒ liú xíng de yīn yuè liú
遣娱乐为目的的在大众中所流行的音乐。流
xíng yīn yuè de fā zhǎn hé shè huì
行音乐的发展和社会
de fā zhǎn mài bó xī xī xiāng
的发展脉搏息息相
guān xiàn zài yǐ chéng wéi rén men
关，现在已成为人们
rì cháng shēng huó de yí bù fen
日常生活的一部分。

妙问趣答

流行音乐起源于：

A 德国

B 法国

C 美国

答案：C

yóu qí shì shì jì nián dài yǐ hòu suí zhe guó
尤其是20世纪90年代以后，随着国
jiā kē jì hé jīng jì shí lì de fēi sù fā zhǎn liú
家科技和经济实力的飞速发展，流
xíng yīn yuè de nèi róng xíng shì yě gèng jiā duō yuán huà
行音乐的内容形式也更加多元化，
yǔ rén men de shēng huó bèi jǐng shí fēn jiē jìn rán ér
与人们的生活背景十分接近。然而
liú xíng yīn yuè bù zhǐ shì gē
流行音乐不只是歌
qǔ tā gèng shì yì zhǒng
曲，它更是一种
jīng shén jì tuō shì
精神寄托，是
fǎn yìng bǎi xìng shēng huó de wén huà
反映百姓生活的文化
zhèn dì yě shì dà zhòng sī xiǎng
阵地，也是大众思想
yì shí xíng tài de fǎn yìng
意识形态的反映。

大开眼界

流行音乐于19世纪末20世纪初起源于美国，在西方发展的时间已经超过了一百年，逐渐形成了自己特殊的风格和体系。流行音乐有通俗性、大众性、时尚性、娱乐性等特点。

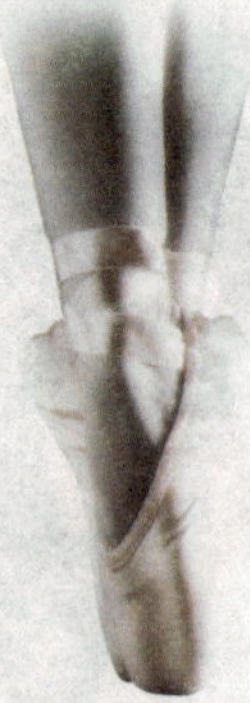

bā lěi wǔ
芭蕾舞

▼芭蕾舞要求表演者具有良好的柔韧性。

bā lěi wǔ shì ōu zhōu gǔ diǎn wǔ dǎo tā shì gēn jù fǎ yǔ de yì cí yīn yì ér lái de bā lěi wǔ qǐ yuán yú yì dà lì wén yì fù xīng shí qī shì fǎ guó gōng tíng de wǔ dǎo dà shī men wèi le chóng jiàn gǔ xī là shī gē yīn yuè hé wǔ dǎo yú yì tǐ de xì jù lǐ xiǎng chuàng zào chū de yì zhǒng róng wǔ dǎo dòng zuò yǎ jù shǒu shì miàn bù biǎo qíng xì jù fú zhuāng yīn yuè bàn zòu wén xué

芭蕾舞是欧洲古典舞蹈，它是根据法语的“ballet”一词音译而来的。芭蕾舞起源于意大利文艺复兴时期，是法国宫廷的舞蹈大师们为了重建古希腊诗歌、音乐和舞蹈于一体的戏剧理想，创造出的一种融舞蹈动作、哑剧手势、面部表情、戏剧服装、音乐伴奏、文学

妙问趣答

芭蕾舞最重要的特点是?

A 脚尖点地

B 具有很高的观赏性

C 是一项高雅的艺术

答案:A

芭蕾舞裙是连体的,一般配穿白色裤袜。

tái běn wǔ tái dēng
台本、舞台灯
guāng hé bù jǐng děng duō zhǒng
光和布景等多种
chéng fèn yú yì tǐ de zōng hé
成分于一体的综合
xìng wǔ jù xíng shì zhù míng
性舞剧形式。著名
de bā lěi wǔ zuò pǐn yǒu tiān é hú hú
的芭蕾舞作品有《天鹅湖》、《胡
táo jiā zi děng
桃夹子》等。

科普课堂

芭蕾舞最重要的一个特点是女演员在表演时以脚尖点地,故又称“脚尖舞”。芭蕾舞虽然具有很高的观赏性,但对于舞者而言,练习并掌握这项高雅的艺术并不是一件轻松的事。

华尔兹舞蹈前三步的舞步起伏最大、摆荡也最明显。

huá ěr zī

华尔兹

huá ěr zī yòu chēng yuán
华尔兹又称“圆
wǔ qǔ wéi wǔ tīng wǔ dǎo de
舞曲”，为舞厅舞蹈的
yì zhǒng huá ěr zī yuán wéi dé
一种。华尔兹原为德
guó ào dì lì de mín jiān wǔ
国、奥地利的民间舞
dǎo hòu yǐn jìn gōng tíng chéng wéi zhǔ yào de gōng tíng wǔ dǎo huá ěr
蹈，后引进宫廷，成为主要的宫廷舞蹈。华尔
zī fēn kuài bù hé màn bù liǎng zhǒng wǔ dǎo nán nǚ xiāng duì ér lì nán
兹分快步和慢步两种，舞蹈男女相对而立，男
zǐ zuǒ shǒu wò nǚ zǐ yòu shǒu
子左手握女子右手，
yòu shǒu qīng tuō nǚ zǐ yāo bèi
右手轻托女子腰背，
nǚ zǐ zuǒ shǒu fú zhù nán zǐ
女子左手扶住男子
yòu jiān liǎng rén shàng shēn shǐ
右肩，两人上身始

妙问趣答

华尔兹原为哪个国家的民间舞蹈？

A 法国

B 德国、奥地利

C 英国

答案：B

zhōng bǎo chí zhí lì zī
终保持直立，姿
tài diǎn yǎ dà fang huá ěr
态典雅大方。华尔
zī yǐ sān pāi huá xíng
兹以三拍滑行
bù wéi zhǔ lián xù
步为主，连续
xuán zhuǎn xíng shì zì
旋转，形式自
yóu jiǎn dān
由简单。

华尔兹摆荡的动作和转身的动作是不能分开的。

知识卡片

快华尔兹也称为“维也纳华尔兹”，而不冠以“维也纳”三字的即慢华尔兹，它是由维也纳华尔兹演变而来的。

探戈是国标舞的一种。

tàn gē
探戈

tàn gē yuán yú fēi
探戈源于非
zhōu liú xíng yú ā gēn
洲，流行于阿根
tíng shì yì zhǒng shuāng
廷，是一种双
rén wǔ huì wǔ dǎo tàn
人舞会舞蹈。探
gē yǐ xiāo sǎ hán xù
戈以潇洒、含蓄、
fù yú biǎo xiàn lì wéi tè diǎn tàn gē de qǔ diào shū huǎn shēn chén
富于表现力为特点。探戈的曲调舒缓、深沉，
yǒu āi shāng chóu chàng zhī gǎn tū
有哀伤惆怅之感，突
chū qiē fēn yīn zǎo qī yòng xiǎo tí
出切分音，早期用小提
qín jí tā màn tuó lín bàn zòu
琴、吉他、曼陀林伴奏，
xiàn zài shì yóu gāng qín liù jiǎo
现在是由钢琴、六角

妙问趣答

探戈起源于：

A 非洲

B 阿根廷

C 欧洲

答案：A

shǒu fēng qín hé xiǎo tí qín děng jìn xíng zǔ hé
手风琴和小提琴等进行组合
yǎn zòu tàn gē wǔ bù de tè diǎn wéi xiè
演奏。探戈舞步的特点为“蟹
xíng māo bù dāng xū yào qián jìn shí wǔ
行猫步”。当需要前进时，舞
zhě huì héng xíng yí
者会横行移
dòng dāng xū yào
动；当需要
hòu tuì shí wǔ
后退时，舞
zhě huì héng zhe xiàng xié qián fāng yí dòng yīn
者会横着向斜前方移动。因
cǐ tàn gē wǔ bù xíng chéng le yù jìn
此，探戈舞步形成了欲进
huán tuì kuài màn cuò luò dòng jìng yǒu
还退、快慢错落、动静有
zhì de tè diǎn
致的特点。

▲探戈的肢体语言非常丰富。

大开眼界

探戈可分为阿根廷探戈、英式探戈、美式探戈、台湾探戈，以及经济型探戈几种不同的类型。

jiē wǔ

街舞

jiē wǔ tuō tāi yú pī lì wǔ
街舞脱胎于霹雳舞，
shì suí zhe yīn yuè de biàn gé ér chǎn
是随着音乐的变革而产
shēng fā zhǎn lái de　shì jì nián
生发展来的。20世纪80年
dài zhōng qī　pī lì wǔ yīn yuè jié zòu
代中期，霹雳舞音乐节奏
yuè lái yuè kuài　wèi shì hé zhè zhǒng kuài
越来越快，为适合这种快
jié zòu de yīn yuè　chǎn shēng le yì
节奏的音乐，产生了一
zhǒng xīn fēng gé de wǔ dǎo　jí jiē
种新风格的舞蹈，即街
wǔ　jiē wǔ de chuàng zuò líng
舞。街舞的创作灵
gǎn lái yuán jí guǎng　kě xī
感来源极广，可吸
shōu wǔ shù　ruì gé
收武术、瑞格

▼街舞注重表演者身体的协调性。

妙问趣答

世界街舞的中心在哪里？

A 纽约和洛杉矶

B 波士顿

C 芝加哥

答案：A

▲棒球帽、宽大的牛仔裤是常见的街舞服饰。

wǔ suǒ wǔ yǐ jí shì jì nián dài de
舞、锁舞，以及20世纪70年代的
hēi rén wǔ dǎo yuán sù yě kě jiè jiàn liú xíng
黑人舞蹈元素，也可借鉴流行
yīn yuè hé diàn zǐ wǔ qǔ de yīn yuè yuán
音乐和电子舞曲的音乐元
sù shì jiè jiē wǔ de zhōng xīn shì měi
素。世界街舞的中心是美
guó niǔ yuē hé luò shān jī zài hán
国纽约和洛杉矶，在韩
guó hé rì běn jiē wǔ yě dé dào
国和日本，街舞也得到
jí dà fā zhǎn
极大发展。

科普课堂

街舞最早起源于撒哈拉以南的非洲，原本是美国黑人城市贫民的舞蹈。街舞具有很强的表演性、竞争性和参与性，并有一定的健身功效。

雕刻建筑

▲维纳斯是希腊神话中代表爱与美的女神。

维纳斯像

《维纳斯》像又被称为《断臂的阿弗洛狄忒》。整个雕像为大理石圆雕，高2.04米，由古希腊艺术家阿历山德罗斯雕刻而成。维纳斯那微微含笑的嘴唇和安详自信的眼睛，使人顿生一种矜持而富有智慧、毫不矫揉造作的感觉；她那丰满的躯体也体现着青春

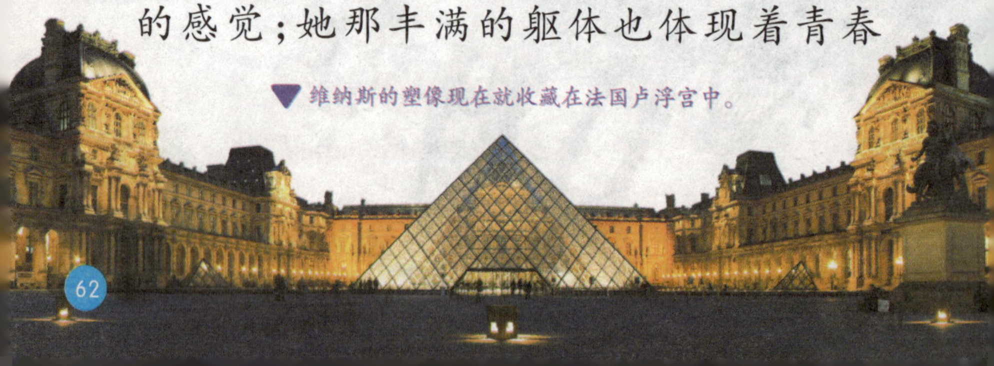

▼维纳斯的塑像现在就收藏在法国卢浮宫中。

妙问趣答

《维纳斯》像高多少米？

A 2.04 米

B 1.97 米

C 1.99 米

答案 A

de huó lì tè bié shì nǚ shén xià zhī nà shū juǎn
的活力。特别是女神下肢那舒卷
zì rán de yī zhě jiāng rén tǐ jié gòu hěn hǎo de tū
自然的衣褶将人体结构很好地突
xiǎn chu lai bìng qiě shǐ diāo xiàng xiǎn xiàn chū hán xù
显出来，并且使雕像显现出含蓄
de měi gǎn hé fēng fù de biàn huà zhè jiàn diāo xiàng
的美感和丰富的变化。这件雕像
de shuāng bì suī rán cán quē dàn shì nà xǔ xǔ rú
的双臂虽然残缺，但是那栩栩如
shēng de zī tài hé wú xiá de qū tǐ réng gěi rén yǐ měi de xiǎng shòu
生的姿态和无暇的躯体仍给人以美的享受。

知识卡片

《维纳斯》像被公认为是迄今为止希腊女性雕像中最美的一尊，虽然雕像双臂残缺，但这似乎更能引发人们的美好想象，增加观赏的趣味性。后世雕刻家也很难复原《维纳斯》像的双臂。

fù huó jié dǎo diāo xiàng
复活节岛雕像

fù huó jié dǎo yǐ qí diāo xiàng wén míng yú shì dǎo shang yǒu
复活节岛以其雕像闻名于世，岛上有
duō zūn jù rén shí xiàng shí xiàng de diāo kè jì shù shí fēn jīng
600多尊巨人石像，石像的雕刻技术十分精
zhàn zào xíng yě hěn qí tè lìng rén zàn tàn bù yǐ zhè xiē shí xiàng
湛，造型也很奇特，令人赞叹不已。这些石像
méi yǒu tuǐ dōu shì bàn shēn xiàng wài xíng yě gè bù xiāng tóng shí xiàng
没有腿，都是半身像，外形也各不相同。石像
de yǎn jing shì yòng shǎn guāng de bèi ké huò fā liàng de hēi
的眼睛是用闪光的贝壳或发亮的黑

▼复活节岛位于太平洋东南部，属智利管辖。

妙问趣答

每个复活节岛石像约重多少吨？

A 400 吨

B 300 吨

C 200 吨

答案：A

yào shí xiāng qiàn shang qu de shí
曜石镶嵌上去的，十
fēn chuán shén měi gè shí xiàng dōu
分传神。每个石像都
bí liáng gāo tǐng é
鼻梁高挺，额
tóu xiá cháng ěr
头狭长，耳
duo chuí jiān zuǐ ba wēi qiào yǎn wō āo xiàn gē bo tiē
朵垂肩，嘴巴微翘，眼窝凹陷，胳膊贴
fù bìng qiě zhè xiē diāo xiàng dōu miàn cháo dà hǎi biǎo qíng
腹。并且这些雕像都面朝大海，表情
shí fēn lěng mò shén tài hěn wēi yán cóng yuǎn chù kàn
十分冷漠，神态很威严，从远处看
qù chǎng miàn fēi cháng zhuàng guān
去，场面非常壮观。

大开眼界

复活节岛的石像每个重约 400 吨，这些石像是谁雕刻的？它们代表着什么？它们是怎样雕刻、运输、排列的？这些问题直到现在仍然是一个未解之谜。

▼吴哥窟是世界上最大的庙宇。

wú gē kū

吴哥窟

wú gē kū yòu chēng wú gē sì wèi yú jiǎn pǔ zhài shì wú gē
吴哥窟又称吴哥寺，位于柬埔寨，是吴哥
gǔ jì zhōng bǎo cún zuì wán hǎo de miào yǔ jiàn zào yú gōng yuán shì
古迹中保存最完好的庙宇，建造于公园12世
jì wú gē kū yóu yí gè jiào zuò
纪。吴哥窟由一个叫作
gāo mián de dōng nán yà mín zú suǒ
高棉的东南亚民族所
jiàn tǐ xiàn le gāo mián gǔ diǎn jiàn
建，体现了高棉古典建
zhù yì shù de zuì gāo chéng jiù
筑艺术的最高成就。

妙问趣答

吴哥窟位于哪里？

A 埃及

B 印度

C 柬埔寨

答案:C

▲吴哥窟中的飞天女神浮雕。

sì miào de zhōng xīn shì yí gè sān céng cháng fāng
寺庙的中心是一个三层长方
xíng dài huí láng huán rào de jì tán xiàng zhēng
形带回廊环绕的祭坛，象征
yìn dù shén huà zhōng chǔ yú shì jiè zhōng xīn de
印度神话中处于世界中心的
xū mí shān jì tán dǐng bù sǒng lì zhe wǔ zuò
须弥山；祭坛顶部耸立着五座
bǎo tǎ xiàng zhēng xū mí shān de wǔ zuò shān
宝塔，象征须弥山的五座山
fēng sì miào wài huán rào yí dào hù chéng hé
峰；寺庙外环绕一道护城河，
xiàng zhēng huán rào xū mí shān de xián hǎi
象征环绕须弥山的咸海。
wú gē kū de xíng xiàng yǐ jīng chéng wéi
吴哥窟的形象，已经成为
jiǎn pǔ zhài de guó jiā biāo zhì bìng zhǎn
柬埔寨的国家标志，并展
xiàn zài le jiǎn pǔ zhài de guó qí shang
现在了柬埔寨的国旗上。

▲吴哥窟中佛像的造型、表情都各不相同。

科普课堂

吴哥窟的浮雕非常精致而且富有真实感。在回廊的内壁及廊柱、石墙、窗楣、栏杆、基石上都有浮雕。浮雕的内容主要是印度教大神毗湿奴的传说及印度教神话。

▲兵马俑中的武士俑平均身高 1.80 米左右。

bīng mǎ yǒng
兵马俑

qín shǐ huáng shì zhōng guó lì shǐ shang
秦始皇是中国历史上
dì yī wèi shí xiàn dà yī tǒng
第一位实现大一统
de fēng jiàn huáng dì tā
的封建皇帝。他
de líng mù bù jǐn shì
的陵墓不仅是
zhōng guó lì shǐ shang
中国历史上
dì yī zuò huáng dì líng yě shì zuì dà de yí
第一座皇帝陵，也是最大的一
zuò huáng dì líng qín shǐ huáng bīng mǎ yǒng péi zàng
座皇帝陵。秦始皇兵马俑陪葬
kēng shì shì jiè zuì dà de dì xià jūn shì bó wù
坑是世界最大的地下军事博物
guǎn yǒng kēng bù jú hé lǐ jié gòu qí tè
馆。俑坑布局合理，结构奇特，
gōng jiàng men yòng xiě shí de yì shù shǒu fǎ bǎ qín
工匠们用写实的艺术手法把秦

妙问趣答

中国最大的皇帝陵是：

A 秦始皇陵

B 汉武帝陵

C 成吉思汗陵

答案：A

jūn de wēi yán biǎo xiàn zài bīng mǎ
军的威严表现在兵马
yǒng shēn shang zòng guān zhè qiān bǎi
俑身上。纵观这千百
gè jiàng shì yǒng qí diāo sù yì shù
个将士俑，其雕塑艺术
chéng jiù dá dào
成就达到
le yì zhǒng yì shù měi de gāo dù yě ràng hòu rén
了一种艺术美的高度，也让后人
shēn kè lǐ jiě le diāo sù zài nà ge shí dài suǒ
深刻理解了雕塑在那个时代所
dá dào de yì shù gāo dù
达到的艺术高度。

兵马俑中的陶马高1.72米，长2.03米，战车与实际战车的大小一样。

知识卡片

兵马俑形象逼真，造型精致，被称为“世界第八大奇迹”。按秦朝军阵编组的陶俑、陶马为研究秦代军事编制、作战方式、骑步卒装备提供了形象的实物资料。

mò gāo kū
莫高窟

mò gāo kū shì shì jiè shang xiàn cún guī mó zuì dà nèi róng zuì
莫高窟是世界上现存规模最大、内容最
fēng fù de fó jiào yì shù shèng dì mò gāo kū yòu jiào qiān fó dòng zuò
丰富的佛教艺术圣地。莫高窟又叫千佛洞，坐
luò zài hé xī zǒu láng xī duān de dūn huáng tā yǔ hé nán luò yáng lóng
落在河西走廊西端的敦煌。它与河南洛阳龙

▼莫高窟千手千眼观音像。

飞天是莫高窟的代表形象之一。

mén shí kū shān xī dà tóng yún gāng shí kū gān sù
门石窟、山西大同云冈石窟、甘肃
tiān shuǐ mài jī shān shí kū bìng chēng wéi zhōng guó sì
天水麦积山石窟并称为中国四
dà shí kū mò gāo kū shǐ jiàn yú shí liù guó shí
大石窟。莫高窟始建于十六国时
qī suí táng shí yóu yú sī chóu zhī lù de fán róng
期。隋唐时，由于丝绸之路的繁荣，
mò gāo kū fā zhǎn de gèng jiā xīng shèng dào wǔ zé
莫高窟发展得更加兴盛，到武则
tiān bǎ chí cháo zhèng shí jiù yǐ jīng yǒu qiān yú gè
天把持朝政时，就已经有千余个
dòng kū yuán dài yǐ hòu
洞窟。元代以后
dūn huáng tíng zhǐ
敦煌停止
kāi kū mò
开窟，莫
gāo kū cái zhú jiàn lěng luò huāng fèi
高窟才逐渐冷落荒废。

妙问趣答

以下哪项不是中国四大石窟？

A 云冈石窟

B 莫高窟

C 龙游石窟

答案：C

大开眼界

莫高窟的壁画丰富多彩，有各式各样的佛经故事，还有亭台楼阁，山川景物，以及当时劳动人民生产的各种画面等。这充分体现出了当时中国封建社会的经济、政治和文化状况。

wàn lǐ cháng chéng

万里长城

cháng chéng shì wǒ guó gǔ dài yòng yú jūn shì zhàn zhēng ér jiàn zào de, yòu bèi chēng wéi wàn lǐ cháng chéng, shǐ jiàn yú zhōu cháo.

长城是我国古代用于军事战争而建造的，又被称为万里长城，始建于周朝。

妙问趣答

长城始建于哪个朝代?

A 周朝

B 商朝

C 夏朝

答案:A

科普课堂

由于年代久远，早期各朝代修筑的长城大多残缺不全，现在保存最完整的是明代修筑的长城，所以人们一般所谈论的长城指的是明长城。

yǐ hòu de lì dài jūn wáng jī běn shang dōu jiā gù zēng xiū cháng chéng
以后的历代君王基本上都加固增修长城，
jù jì zǎi qín tǒng yī zhōng guó hòu qín shǐ huáng zhēng yòng le yì bǎi
据记载，秦统一中国后，秦始皇征用了一百
wàn láo dòng lì xiū zhù cháng chéng cháng chéng kě yǐ shuō hào fèi le hěn
万劳动力修筑长城。长城可以说耗费了很
duō de rén lì wù lì hé cái lì cái xiū zhù ér chéng jù guó jiā
多的人力、物力和财力，才修筑而成。据国家

万里长城像一条巨龙，翻越巍巍群山，穿过茫茫草原。

wén wù jú de diào chá shù jù
文物局的调查数据
xiǎn shì lì dài cháng chéng de
显示，历代长城的
zǒng cháng dù wéi
总长度为21 196.18
qiān mǐ fēn bù yú běi jīng
千米，分布于北京、
tiān jīn hé běi shān xī nèi
天津、河北、山西、内
měng gǔ liáo níng jí lín hēi lóng jiāng shān dōng hé nán shǎn xī
蒙古、辽宁、吉林、黑龙江、山东、河南、陕西、
gān sù qīng hǎi děng gè shěng shì zì zhì qū
甘肃、青海等15个省市自治区。

▲万里长城的城上景观。

▼万里长城的关口。

计算机网络

Pause Break
Page Up
Page Down
Num Lock
7 Home
8
9 PgUp
4
5
6
1 End
2
3 PgDn
0 Ins
Del
Enter

jì suàn jī
计算机

jì suàn jī yòu chēng diàn nǎo shì yì zhǒng kě yǐ zì dòng cún
计算机又称“电脑”，是一种可以自动存
chǔ chéng xù bìng jìn xíng suàn shù hé luó ji yùn suàn de jī qì shì jiè
储程序并进行算数和逻辑运算的机器。世界
shang dì yī tái jì suàn jī shì nián yuè rì zài měi guó bīn
上第一台计算机是1946年2月14日在美国宾
xī fǎ ní yà dà xué de mó ěr xué yuàn yán jiū chéng gōng de zhè tái
夕法尼亚大学的摩尔学院研究成功的，这台
míng jiào āi ní ā kè
名叫埃尼阿克
de jì suàn jī shǐ yòng
的计算机使用
le zhī diàn zǐ
了17 840支电子
guǎn zhòng liàng wéi
管，重量为28
dūn nián měi guó
吨。1950年，美国
yán zhì chū dōng bù biāo zhǔn zì dòng
研制出东部标准自动

笔记本电脑使用起来方便而且便于携带。

鼠标和键盘都是计算机的输入设备。

计算机。从此结束了计算机的发展萌芽阶段，步入了现代计算机自动处理信息的发展时期。

妙问趣答

计算机步入自动处理信息的发展时期是在哪一年？

A 1946 年

B 1949 年

C 1950 年

答案：C

现在的计算机已经越来越普遍化、大众化，成为家庭中常见的电器之一。

知识卡片

现在的计算机具有运算速度快、计算精确度高、逻辑运算能力强、存储容量大、自动化程度高、性价比高等主要特点。

hù lián wǎng
互联网

▲互联网于1969年在美国出现。

hù lián wǎng yòu jiào yīn tè wǎng
互联网又叫“因特网”，
shì yì zhǒng jiāng quán shì jiè de wǎng luò lián
是一种将全世界的网络连
jiē zài yì qǐ xíng chéng de quán qiú xìng wǎng luò hù lián wǎng lián jiē le
接在一起形成的全球性网络。互联网连接了
shì jiè duō gè guó jiā de diàn nǎo shǐ yòng diàn nǎo de rén tōng guò
世界100多个国家的电脑，使用电脑的人通过
hù lián wǎng jiù kě yǐ huò dé fú hé zì shēn xū qiú de wǎng luò xìn xī
互联网就可以获得符合自身需求的网络信息
zī yuán hù lián wǎng jù yǒu fāng biàn kuài jié xìn xī liàng dà děng tè
资源。互联网具有方便快捷、信息量大等特

▼笔记本电脑连接互联网可以实现上网功能。

diǎn wǒ men kě yǐ lì yòng hù lián
点。我们可以利用互联
wǎng jìn xíng wǎng shàng gōu tōng jí
网进行网上沟通，即
shǐ shēn chǔ bù tóng guó jiā yě kě
使身处不同国家也可
yǐ jìn xíng jiāo liú hù lián wǎng
以进行交流。互联网
jù yǒu chá yuè gè lèi wǎng yè hé shōu fā xìn hán liǎng dà yòng tú hái
具有查阅各类网页和收发信函两大用途，还
yǒu tōng xùn shè jiāo yóu xì wǎng shàng gòu wù zī yuán gòng xiǎng děng
有通讯、社交、游戏、网上购物、资源共享等
gōng néng gěi wǒ men de shēng huó dài
功能，给我们的生活带
lái le jí dà de biàn lì
来了极大的便利。

妙问趣答

下列选项中哪一项是互联网的积极方面？

A 电脑病毒

B 网上购物

C 虚假信息

答案：B

互联网的发展，使得网民的数量不断增多。

大开眼界

互联网虽然给我们带来了极大的方便，但是黑客、电脑病毒、网络诈骗、虚假信息等也使我们感到困扰，所以我们在使用互联网时一定要注意网络安全。

ruǎn jiàn
软件

ruǎn jiàn shì yí xì liè àn zhào tè dìng shùn xù zǔ zhī de jì suàn
软件是一系列按照特定顺序组织的计算
jī shù jù hé zhǐ lìng de jí hé tǐ jiǎn dān lái shuō jiù shì chéng xù
机数据和指令的集合体。简单来说就是程序
hé wén dàng de jí hé tǐ wǒ men zài gōng zuò zhōng jīng cháng shǐ yòng de
和文档的集合体，我们在工作中经常使用的
Word、PowerPoint、
děng chéng xù
Photoshop 等程序
jiù shì diàn nǎo ruǎn jiàn wǒ
就是电脑软件。我
men kě yǐ tōng guò shǐ yòng diàn
们可以通过使用电
nǎo lái cāo zuò bù tóng lèi xíng
脑来操作不同类型

▼电脑中不同的软件一般都有对应的软件授权。

de diàn nǎo ruǎn jiàn shǐ diàn
的电脑软件，使电
nǎo wèi wǒ men gōng zuò diàn
脑为我们工作。电
nǎo ruǎn jiàn hái fēn wéi xì tǒng
脑软件还分为系统
ruǎn jiàn hé yìng yòng ruǎn jiàn
软件和应用软件
liǎng zhǒng xì tǒng ruǎn jiàn zhǐ
两种。系统软件指
de shì wèi zhěng gè diàn nǎo xì tǒng pèi
的是为整个电脑系统配
zhì de bù yī lài yú jù tǐ huán jìng de ruǎn jiàn yìng yòng ruǎn jiàn zhǐ
置的、不依赖于具体环境的软件。应用软件指
de shì yìng yòng yú tè dìng lǐng
的是应用于特定领
yù wán chéng tè dìng gōng néng de
域，完成特定功能的
zhuān yòng ruǎn jiàn
专用软件。

妙问趣答

下列选型中不属于电脑软件的一项是：

A Photoshop

B Power Point

C 电脑显示器

答案：C

科普课堂

软件的开发和运行必须依赖于特定的计算机系统环境，并且对于硬件有依赖性，为了减少依赖，人们在软件的开发中要注意软件的适应性。

yìng jiàn

硬件

yìng jiàn shì diàn zǐ jì suàn jī zhōng suǒ
硬件是电子计算机中所
yǒu shí tǐ bù jiàn hé shè bèi de zǒng chēng jì
有实体部件和设备的总称。计
suàn jī yìng jiàn shì yóu xǔ duō bù tóng gōng néng de
算机硬件，是由许多不同功能的
mó kuài huà bù jiàn zǔ hé ér chéng de bìng zài ruǎn jiàn de pèi hé xià
模块化部件组合而成的，并在软件的配合下
wán chéng shū rù chǔ lǐ chǔ cún hé shū chū děng gōng zuò cóng jī běn
完成输入、处理储存和输出等工作。从基本
jié gòu shang lái shuō jì suàn jī kě fēn wéi yùn suàn qì kòng zhì qì
结构上来说，计算机可分为运算器、控制器、
cún chǔ qì shū rù hé
存储器、输入和
shū chū shè bèi zhǔ jī
输出设备。主机
shì diàn nǎo de zhǔ yào
是电脑的主要

显示器和主机都是电脑的硬件部分。

CPU是一块超大规模的集成电路。

部分，包括：主板、CPU、内存、电源、显卡、声卡、网卡、硬盘、软驱、光驱等硬件；外部设备还包括鼠标和键盘等。

妙问趣答

下列选项中不属于电脑硬件的一项是：

A 多媒体播放器

B 显示器

C 鼠标

答案：A

知识卡片

电脑的显示器是电脑的主要输出设备，用来向用户显示运行结果和详细信息。显示器分为两种，分别是：液晶显示器和CRT显示器。其中CRT显示器由于价格低廉、图像质量好，因此得到了广泛应用。

计算机病毒

▲预防计算机病毒要下载并安装杀毒软件。

计算机病毒是指一种人为编制的，能够对电脑系统起到破坏作用的程序。电脑病毒可以隐藏在其他程序中，并且自我复制传播到其他程序中，一旦各种条件符合事先编定的程序激活环境，电脑病毒就会对电脑进行破坏，使计

妙问趣答

下列属于恶性电脑病毒的是：

A 木马病毒

B 音乐

C 文字

答案：A

suàn jī tān huàn dǎo zhì
算机瘫痪，导致
rén men de gōng zuò wú
人们的工作无
fǎ jìn xíng diàn nǎo bìng
法进行。电脑病
dú fēn wéi è xìng hé liáng
毒分为恶性和良
xìng liǎng gè lèi xíng è xìng bìng dú duì
性两个类型。恶性病毒对
diàn nǎo xì tǒng wēi hài jù dà huì zào chéng wén jiàn sǔn huài shù jù diū
电脑系统危害巨大，会造成文件损坏、数据丢
shī shèn zhì sǔn huài jī qì ér liáng xìng bìng dú bú huì wēi hài diàn nǎo
失，甚至损坏机器；而良性病毒不会危害电脑，

zhǐ shì huì chū xiàn yí duàn wén zì
只是会出现一段文字
huò yīn yuè děng è zuò jù lèi xíng
或音乐等恶作剧类型
de qíng kuàng
的情况。

大开眼界

科学家们为了阻止电脑病毒对电脑的破坏，研制出了一种“疫苗程序”，当有可疑信号企图进入电脑时，“疫苗”就会发出警告信号并加以阻拦，提醒电脑用户多加防范。

远程教育

远程教育是一种新型的教育形式，随着科技的进步和网络的普及得到了广泛应用。它将媒体技术与传统教学结合起来，利用多媒体网络进行教学，代替了教师课堂面授的传统教育形式，主要以函授与广播电视教育为主要形式。对

远程教育的交互性较差。

▲远程教育的学习以自学为主。

yú xué sheng lái jiǎng wǎng luò
于学生来讲，网络
jiào xué bǐ qǐ chuán tǒng jiào xué
教学比起传统教学
jù yǒu gèng qiáng de qù wèi
具有更强的趣味
xìng tóng shí yě fāng biàn le
性，同时也方便了
xué sheng xué xí tí gāo xué
学生学习，提高学
xí xiào lǜ hái kě yǐ gēn
习效率，还可以根
jù zì jǐ de shí jiān lái jìn xíng xué xí shèn zhì kě yǐ dǎ pò dì
据自己的时间来进行学习，甚至可以打破地
yù de xiàn zhì zhè zhǒng jiào xué
域的限制，这种教学
xíng shì yě dà dà diào dòng le xué
形式也大大调动了学
sheng xué xí de rè qíng
生学习的热情。

妙问趣答

下列对远程教育描述错误的是：

A 远程教育打破了地域的限制

B 远程教育利用媒体技术手段进行教学

C 远程教育是以教师进行课堂面授的形式进行的

答案：C

科普课堂

远程会议类似于远程教育，人们通过利用网络在不同地点进行通讯，传递声音、图像等文件，与会者在各自的办公地点进行交流，交换意见，大大节省了工作时间和费用。

wǎng shàng gòu wù
网上购物

wǎng shàng gòu wù shì suí zhe wǎng luò jì shù de fā zhǎn chǎn shēng
网上购物是随着网络技术的发展产生
de yì zhǒng xīn xíng de xiāo fèi fāng shì xiāo fèi zhě kě yǐ lì yòng yīn
的一种新型的消费方式。消费者可以利用因
tè wǎng zài jiā li jìn xíng gòu wù shí fēn biàn jié yòng hù tōng guò diàn
特网在家里进行购物，十分便捷。用户通过电
nǎo cóng gòu wù wǎng zhàn shang sōu suǒ fú
脑从购物网站上搜索符
hé zì jǐ xū qiú de shāng pǐn měi
合自己需求的商品，每
yí gè shāng pǐn dōu yǒu xiāng yìng
一个商品都有相应
de shí wù tú piàn chǎn
的实物图片、产

网上购物虽然方便，但也要提高警惕，防止上当受骗。

妙问趣答

网上购物是如何进行的？

答：用户从购物网站上搜索产品，对产品进行了解。决定购买后，通过银行账户转账付款，商品送到时，消费者再确认付款。

pǐn shuō míng yuán liào chǎn dì jià
品说明、原料产地、价
gé děng hái kě yǐ tōng guò gòu wù
格等，还可以通过购物
ruǎn jiàn yǔ mài jiā jìn xíng duì huà
软件与卖家进行对话。
jué dìng gòu mǎi hòu xiāo fèi zhě yào
决定购买后，消费者要
jiāng shāng pǐn xuǎn rù gòu wù chē huò zhě diǎn jī zhí jiē gòu mǎi tōng guò yín
将商品选入购物车或者点击直接购买，通过银
háng zhàng hù zhuǎn zhàng de fāng shì jìn xíng fù kuǎn dài shāng pǐn sòng dào jiā
行账户转账的方式进行付款，待商品送到家
li shí xiāo fèi zhě zài què rèn fù
里时，消费者再确认付
kuǎn tóng shí hái kě yǐ zài gāi wǎng
款，同时还可以在该网
diàn jìn xíng chǎn pǐn píng jià yǐ gōng
店进行产品评价，以供
hòu lái de xiāo fèi zhě jìn xíng cān kǎo
后来的消费者进行参考。

知识卡片

网上购物是电子商务的具体形式。电子商务的发展改变了传统的交易方式，涉及到信息、电子数据交换和电子资金转账三方面内容，是目前为止最先进的交易方式。

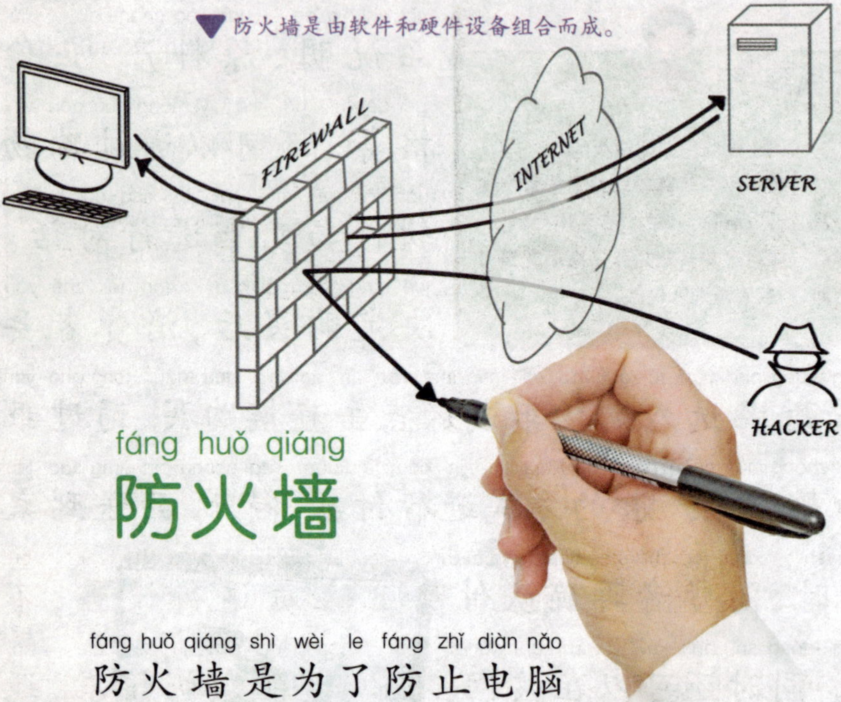

防火墙是由软件和硬件设备组合而成。

fáng huǒ qiáng

防火墙

fáng huǒ qiáng shì wèi le fáng zhǐ diàn nǎo
防火墙是为了防止电脑
bìng dú huò zhě fēi fǎ pò huài zhě rù qīn dào nèi bù wǎng luò jìn xíng pò
病毒或者非法破坏者入侵到内部网络进行破
huài ér cǎi qǔ de xiāng yìng de fáng hù cuò shī fáng huǒ qiáng yǔ shā dú
坏而采取的相应的防护措施。防火墙与杀毒
ruǎn jiàn yí yàng dōu shì suí zhe
软件一样，都是随着
diàn nǎo bìng dú hé hēi kè de
电脑病毒和黑客的
chǎn shēng ér chǎn shēng de yǔ
产生而产生的与
zhī xiāng duì lì de chǎn wù
之相对立的产物。

妙问趣答

防火墙是如何阻止电脑病毒和黑客入侵的？

答：拒绝外来可疑地址发来的数据请求，还可以防止内部关键数据的泄露。

fáng huǒ qiáng yóu zhuān mén fù zé ān quán hé jiǎn yàn gōng zuò de yìng jiàn
防火墙由专门负责安全和检验工作的硬件
hé ruǎn jiàn zǔ chéng chǔ yú nèi bù wǎng luò hé wài bù wǎng luò zhī
和软件组成，处于内部网络和外部网络之
jiān fáng huǒ qiáng kě yǐ tōng guò zhuān yè rén yuán jìn xíng shè zhì bú
间。防火墙可以通过专业人员进行设置，不
dàn kě yǐ jù jué wài lái kě yí dì zhǐ fā sòng de shù jù qǐng qiú hái
但可以拒绝外来可疑地址发送的数据请求，还
néng gòu fáng zhǐ nèi bù guān jiàn shù jù de xiè lòu fáng huǒ qiáng de chū
能够防止内部关键数据的泄露。防火墙的出
xiàn dà dà jiàng dī le diàn nǎo shòu dào bìng dú pò huài de jǐ lǜ shǐ
现，大大降低了电脑受到病毒破坏的几率，使
rén men kě yǐ fàng xīn gōng zuò
人们可以放心工作。

大开眼界

杀毒软件和防火墙都是为了防止电脑病毒和黑客入侵而产生的。好的杀毒软件可以通过全盘扫描识别出可疑数据，并对其进行删除、粉碎等操作，从而进行病毒的查杀以降低电脑中毒的风险。

hēi kè
黑客

hēi kè shì zhǐ yì xiē duì jì suàn jī zǔ zhī jí jì suàn jī biān
黑客是指一些对计算机组织及计算机编
chéng fēi cháng shú xi de rén tā men néng gòu tū pò wǎng luò zhōng de
程非常熟悉的人。他们能够突破网络中的
fáng hù chéng xù jìn ér chuǎng rù tā rén de jì suàn jī xì tǒng kāi
防护程序，进而闯入他人的计算机系统，开
wán xiào gǎo è zuò jù huò zhě zài bié rén de jì suàn jī zhōng liú xià
玩笑、搞恶作剧或者在别人的计算机中留下
zì jǐ lái guò de hén jì yǐ xiǎn shì zì jǐ de jì shù hái yǒu yì xiē
自己来过的痕迹以显示自己的技术。还有一些
hēi kè huì chá kàn tōu
黑客会查看、偷
qiè bié rén de bǎo mì
窃别人的保密
shù jù hé yǐn sī zī
数据和隐私资

黑客英文是“hacker”。

妙问趣答

下列选项中对黑客的描述不正确的是：

A 黑客对计算机编程非常熟悉

B 黑客会窃取他人的保密数据和隐私资料

C 黑客窃取他人保密文件的行为可以不负法律责任

答案：C

料，甚至会将资料内容进行更改，作出违法的事情。人们应该将电脑技术应用于工作和生活中，而不是应用在破坏网络设施、窃取他人信息和侵犯他人的合法权益，否则将会受到法律的制裁。

科普课堂

有一些专门对付黑客的人我们称之为“白客”，他们通常都是由黑客转变身份而来的，是专门对付黑客入侵的工作人员，也有一些成为了计算机开发项目的工作人员。

wǎng luò yóu xì
网络游戏

wǎng luò yóu xì shì wǎng luò xìn xī fā zhǎn de chǎn wù xiàn rú
网络游戏是网络信息发展的产物。现如
jīn diàn zǐ jì suàn jī bù jǐn xiàn yú gōng zuò hé huò qǔ xìn xī yú
今，电子计算机不仅限于工作和获取信息，娱
lè yě chéng wéi le rén men shǐ yòng jì suàn jī de mù dì zhī yī wǎng
乐也成为了人们使用计算机的目的之一。网
luò shì yóu xì de tiān táng yǔ dān jī yóu xì bù tóng wǎng luò yóu xì
络是游戏的天堂，与单机游戏不同，网络游戏
de duì xiàng bú zài shì méi yǒu shēng mìng de diàn nǎo chéng xù ér shì wǎng
的对象不再是没有生命的电脑程序，而是网

▼网络游戏简称网游。

luò lìng yì duān cāo zuò diàn nǎo de
络另一端操作电脑的
rén wán jiā kě yǐ jìn rù yí gè
人。玩家可以进入一个
yóu xì wǎng zhàn bìng zhù cè yí gè
游戏网站并注册一个
zhàng hào xuǎn zé xiǎng yào wán de
账号，选择想要玩的
yóu xì jiù kě yǐ hé zhè ge yóu xì zhōng de qí tā wán jiā jìn xíng
游戏，就可以和这个游戏中的其他玩家进行
duì zhàn huò zhě qí tā xíng shì de yóu xì wǎng luò yóu xì yǐ jīng chéng
对战或者其他形式的游戏。网络游戏已经成
wéi wǎng shang yú lè xiū xián de fāng shì
为网上娱乐休闲的方式
zhī yī yǔ dān jī
之一，与单机
yóu xì xiāng bǐ wǎng
游戏相比，网
luò yóu xì gèng jiā jù yǒu hù dòng xìng
络游戏更加具有互动性。

妙问趣答

下列对网络游戏的优点的描述错误的是：

A 网络游戏丰富了人们的业余生活

B 网络游戏比起单机游戏更加具有互动性

C 网络游戏玩的越多越好

答案：C

知识卡片

网络游戏虽然丰富了人们的业余生活，但是也不要过分沉迷于网络游戏。有些小孩子由于自制力不强，沉迷于网络游戏，最终导致学习成绩下降，荒废了学业，更有甚者会因此走上犯罪道路。